Führung für Führungskräfte

Denen, die denken.

Jürgen Kauschke

Führung für Führungskräfte

(K)ein Managementratgeber

2., überarbeitete und erweiterte Auflage

Bibliographische Information der
Deutschen Nationalbibliothek:
Die Deutsche Nationalbibliothek verzeichnet diese Publikation
in der Deutschen Nationalbibliografie; Detaillierte bibliographische Daten sind im Internet über http://dnb.d-nb.de abruf-
bar.

© 2015 by Dr. Jürgen Kauschke
Jasperallee 79
D-38102 Braunschweig
www.kauschke.info

Satz, Umschlagdesign, Herstellung und Verlag:
Books on Demand GmbH, Norderstedt

ISBN: 978-3-8423-3399-4

Vorwort

An wen sich dieses Buch richtet ist unschwer dem Titel zu entnehmen: Es ist ein Buch für Führungskräfte. Und – wie dem Titel auch unschwer zu entnehmen ist – geht es dabei ganz einfach um Führung.

Sie sehen sich mehr als Manager? Macht nichts. Auch Sie werden sich hier wiederfinden – schließlich gibt es auch Manager, die tatsächlich Mitarbeiter führen – no offense (etwas Englisch für die Manager unter den Lesern – gehört ja schließlich zum guten Ton).

Was wird anders sein, nachdem Sie dieses Buch gelesen haben? Eine Frage, die sich viele Führungskräfte (natürlich nur die Führungskräfte, die tatsächlich Bücher lesen) viel zu selten stellen – schließlich haben die meisten sogenannten Ratgeber nur die Wirkung, dass Sie, nachdem Sie sie gelesen haben, ein Buch gelesen haben. Und das war's. Das könnte man vielleicht sogar auf menschliche Ratgeber übertragen – am Ende hat man nichts als einen Ratschlag bekommen. Entscheiden Sie selbst.

Wenn Sie dieses Buch gelesen haben, dann haben Sie auch ein Buch gelesen. Vielleicht einige Male gelacht (vielleicht sogar über sich selbst). Sich vielleicht in einigen Punkten wiedergefunden und vielleicht – das ist zumindest mein persönlicher Anspruch – ab und zu über sich und Ihre Handlungsweisen nachgedacht. Und vielleicht sogar über die dahinterliegenden Erfahrungen, Motive, Einstellungen, Gedanken und Emotionen. Nicht mehr – aber auch nicht weniger. Sie haben im Anschluss kein perfektes Zeitmanagement, haben Ihr Leben nicht „Ent-irgendwast", nicht den Sinn des Lebens entdeckt und sind auch keine dauereffiziente und unfehlbare Hochleistungsführungskraft. Sie werden nicht in der Lage sein, Ihre Mitarbeiter zu manipulieren oder zu berechnen und können diese auch nicht besser motivieren. Sie werden nur über einige Dinge nachgedacht haben und mit etwas Glück auch einige Kleinigkeiten anders tun. Und wenn nicht: Auch gut – schließlich will und kann ich niemanden zum Denken – und schon gar nicht zum Handeln – zwingen.

Sie lesen trotzdem weiter? Sehr gut. Weiterlesen. Es könnte sich für Sie lohnen – muss es aber natürlich nicht.

Was erwartet den interessierten Leser in diesem Buch? Hier die Struktur: Am Anfang ist der Anfang. In unserem Fall sind dies einige Gedanken zum Thema Führung – und drumherum. Diese Gedanken sind selbstverständlich meine Gedanken – und damit für jeden Leser nur ein Drübernachdenkangebot. Im

Anschluss daran sind einige klassische Führungsherausforderungen (das Wort „Probleme" wollen wir an dieser Stelle selbstverständlich noch vermeiden) und ein paar pragmatische Lösungsansätze dargestellt. Die Einschätzung, wie ernst diese Vorschläge gemeint sind, soll an dieser Stelle – und auch weiter hinten – dem interessierten Leser selbst überlassen bleiben. Ich gehe übrigens davon aus, dass uninteressierte Leser gar nicht so weit lesen werden – wäre schließlich verschenkte Zeit. Und wer hat schon Zeit zu verschenken? Und wenn jemand Zeit zu verschenken hätte – wie sollte er das tun? Und an wen? Und wie verpackt man Zeit? Und wie sollte der Beschenkte das Geschenk annehmen? Aber dies steht auf einem anderen Blatt… genau genommen auf Seite 44.

Den Abschluss bildet dann eine (durchaus ernst gemeinte) Interpretation zum Thema Selbstdesign. „Warum Design?" fragen Sie sich. Nun ja. Design hat etwas mit Ästhetik zu tun. Und vielleicht geht es ja in unserem Handeln nicht nur um Change (klingt ja „cooler" als „Veränderung"), Selbsterkenntnis, Effizienz und Leistung, sondern auch darum, uns selbst und unser Handeln als ästhetisch und stimmig wahrzunehmen – und das geht mit Design. Dazu aber später mehr.

Übrigens: Dieses Buch darf durchaus „leben". Es mag Einträge, Eselsohren, Markierungen, Kaffeeflecken (das gilt natürlich nur mit Einschränkungen, wenn es sich bei dem Ihnen vorliegenden Exemplar um ein E-Book handelt). Der Autor mag aber auf jeden Fall Rückmeldungen, um sich selbst und seine Denkweise weiterentwickeln zu können. Wie das geht? Nun ja. Lesen Sie erst mal bis Seite 86.

How to use?!

Ganz einfach – so wie die Inhalte. Nein – natürlich nicht „nutzen wie die Inhalte", sondern: „so einfach wie die Inhalte". Oder doch nicht? Anscheinend unser erstes potenzielles Konstruktions- bzw. Verständigungsproblem (Watzlawick sagt: Auf die Interpunktion – oder hier: auf die Gedankenstriche – kommt es an; mehr dazu bei Watzlawick). Aber egal: Das Buch ist dünn (zumindest halte ich es dafür) und das Format ist handlich. Also: öfter mal mitnehmen und in einem hektischen Moment (ja… Sie haben richtig gelesen… da steht „hektisch") aufschlagen und kurz reinlesen. Das geht natürlich genauso mit einem E-Book – obwohl es dann natürlich weder dicker noch dünner ist, als ein anders Buch; und das mit dem Aufschlagen dürfte dann natürlich auch anders aussehen; aber man kann eine bestimmte Seite öffnen. Und zwar da, wo es gerade sinnvoll erscheint. Einfache Maßnahme mit oder ohne Wirkung. Regt zum Nachdenken an und kann entschleunigen, was in den meisten Situationen nicht der schlechteste Lösungsansatz ist. Kurz ablenken und dann neu an eine Situation herangehen – vielleicht mit ein paar alt-neuen Denkanstößen. Hilft tatsächlich: andere Tätigkeit – andere Perspektive – andere Gedanken – neue Ideen. Entspannt und entbeschleunigt… Pausen und Langsamkeit können unheimlich konstruktiv und produktiv sein (nicht meine Idee… ein Ergebnis moderner Hirnforschung – oder auch Wissen von älteren und neueren Vertretern unterschiedlicher philosophischer Denkansätze – von Konfuzius bis Gandhi sozusagen). Ich selbst bevorzuge es zu laufen, wenn ich „den Kopf freibekommen" will – mal schnell und mal langsam. Aber dazu bräuchten Sie ja kein Buch. Wäre also aus meiner Perspektive ein schlechter Tipp, da Sie dann kein Buch kaufen würden – und ich keines verkaufen könnte.

Mehr Arbeitsanweisungen können an dieser Stelle nicht gegeben werden. Das hängt mit meiner Überzeugung zusammen: Die Worte in diesem Buch sind meine Konstruktion. All das, was Sie damit machen, ist einzig und allein Ihre Konstruktion. Aber: (Drüber-Nach-) Denken hilft! So gut wie immer. Also: Los geht's! Mit Gedanken!

Gedankliche Grundlagen

Am Anfang ist der Anfang. So wie oben beschrieben will ich an dieser Stelle nicht versuchen, sicherzustellen, dass wir von denselben Dingen reden, wenn wir bestimmte Begriffe verwenden. Als bekennender Konstruktivist (klingt fast religiös und ist auch fast so gemeint) gehe ich sowieso nicht davon aus, dass wir identische Konstruktionen von „Welt" oder „Realität" haben oder erreichen können – also natürlich auch nicht von den Inhalten dieses Buches. Das Unmögliche zu versuchen wäre in diesem Fall also das, was wir so oft als „Zeitverschwendung" bezeichnen. Was Sie aus den von mir geschriebenen Worten machen, das überlasse ich also ganz einfach Ihnen.

Ich versuche aber, mein Verständnis offenzulegen. Wie Sie mein Verständnis interpretieren und was Sie damit machen – das ist dann wieder Ihre Sache!

Ein Hinweis sei an dieser Stelle noch gestattet: Im Text gibt es weder „Literaturhinweise", noch „Quellenangaben". Zu den einzelnen Themengebieten gibt es dafür am Ende Hinweise auf – aus meiner Sicht – lesenswerte Bücher zu den hier vertretenen Thesen und Sichtweisen – also sozusagen: Die Bausteine meiner Konstruktion in Buchform. Bitte prü-

fen Sie kritisch, welche Bausteine Ihr Gedankenge-
bäude erweitern, verschönern, stabilisieren, flexibili-
sieren oder sogar positiv erschüttern können. Oder
welche Bausteine vielleicht aus Ihrem „alten" Ge-
bäude entfernt werden können, um neuen und schö-
neren Bausteinen Platz zu machen, welche Einrich-
tungsgegenstände ausgetauscht werden können (weil
sie nicht mehr schön oder unnütz sind, oder weil sie
nicht mehr genutzt werden). Die Renovierung des
Gebäudes wirbelt zwar manchmal etwas Staub auf,
aber wenn sich der Staub lichtet, dann kann etwas
sehr Ästhetisches entstanden sein – unabhängig davon, was Sie oder ich genau unter „ästhetisch" verstehen; liegt ja schließlich im Auge das Betrachters.
Wir müssen uns also auf keine gemeinsame Interpretation von „ästhetisch" einigen. Und wie Sie erkennen können, bezieht sich Ästhetik nicht nur auf Ihre
Fassade (wie bei so manchem Ratgeber), sondern
auch und gerade auf Ihre Innenarchitektur (klingt
nach Luft und Ingham und ein bisschen „Psycho" –
und ist auch so gemeint).

Folgen Sie bei der Auswahl dessen, was Sie lesen
und denken bitte einfach Ihrem ästhetischen Empfinden. Ein erster Schritt zum Selbstdesign. Und
bitte denken Sie beim Lesen immer daran: Es handelt sich bei diesem Buch um (k)einen Managementratgeber!

Was ist Führung?

Oswald Neuberger – aus meiner Sicht einer der ernstzunehmenden Vertreter moderner Führungsforschung – hat Definitionen für Führung gesammelt. Und einige Definitionen hat er auch zusammengetragen (genaugenommen hat er 37 in einer Übersicht veröffentlicht). Er musste jedoch auch zugleich eingestehen, dass die Aufzählung nicht vollständig ist und dass alle Definitionen – wie auch seine eigene Definition von Führung – auf die eine oder andere Weise willkürlich sind. Also wird an dieser Stelle gar nicht erst versucht, eine wissenschaftliche Definition für Führung anzubieten. Wer sein Wissen hierzu erweitern will, der sei auf Oswald Neuberger verwiesen. Ein Lese Tipp hierzu findet sich am Ende.

Ich möchte Ihnen an dieser Stelle viel lieber eine Definition aus der Praxis für die Praxis anbieten:

Führung ist der Versuch von Person X, eine Person Y oder mehrere Personen YZQ dazu zu veranlassen, das zu tun, was Person X von ihnen verlangt. Dabei kommt es in der Regel zu einem Ergebnis, dass weder X, noch Y, bzw. YZQ so angestrebt haben. Am Ende von Führungshandeln befinden sich alle Beteiligten in einem anderen Zustand bzw. einer veränderten Situation (oder auch

nicht; obwohl eine Veränderung recht wahrscheinlich ist). Dadurch entsteht dann ein Gefühl von
mehr oder weniger Zufriedenheit.

Ironie oder Realität? Entscheiden Sie selbst.

Eine alternative Definition – und irgendwie auch
eine noch bessere Annäherung an die „Realität" ist
die Folgende:

> Führung ist das, was eine Person (Führungskraft
> oder Mitarbeiter) für Führung hält.

Eine zugegebener Maßen nicht ganz objektivierbare
Definition, aber die einzige, die den Definitionen in
den Köpfen relativ nahe kommen dürfte, indem Sie
so gut wie nichts Konkretes aussagt. Potenziell gibt
es also so viele Definitionen von Führung, wie es
„Führungsköpfe" gibt – plus die Anzahl der Definitionen in den „Mitarbeiterköpfen", die nur mit sehr
geringer Wahrscheinlichkeit den Definitionen in den
„Führungsköpfen" entsprechen dürften. Zudem gibt
es sicher Führungskräfte, die – je nach Situation,
oder der Perspektive, aus der heraus sie gerade denken – Führung als Führungskraft (top down) oder als
Mitarbeiter (bottom up) denken und leben. Ein Kopf
– zwei Definitionen – und manchmal sogar gleichzeitig. Klingt komisch. Ist aber so (oder eben auch
nicht) – bitte hinterfragen Sie sich selbst.

Damit ist der Umgang mit Führung allerdings auch ein sehr leichter (sie haben wieder richtig gelesen: da steht „leicht"; natürlich haben Sie recht – da steht „leichter"; aber da steckt schließlich auch „leicht" drin): Ich kann (als Führungskraft, Coach, Berater, Trainer) nicht mit festen Vorstellungen von Führung arbeiten, sondern muss immer erfragen, welche Vorstellungen in den Köpfen derer vorhanden sind, mit denen ich interagiere. Und dasselbe gilt natürlich auch wieder für die Mitarbeiterköpfe bei der „Einschätzung" der Führungskopfinhalte, in umgekehrter Richtung oder bei perspektivisch wechselnder Sichtweise von Führung. Als Pädagoge würde ich diese Vorgehensweise dann als eine Art von „Deutungsmusterlernen" bezeichnen – getreu dem Motto:

> „Schau, was da ist, und versuche, Dein Handeln daran anzuknüpfen; gehe dabei nicht davon aus, dass irgendwer irgendetwas genauso sieht, wie Du es siehst. Also bleibt natürlich auch nach dem Erfragen alles Interpretation."

Ich weiß also, dass ich nicht weiß, was ich weiß oder was jemand anders weiß oder zu wissen glaubt. Realistisch, erschreckend und einfach – damit also: Erschreckend einfach!

Wer oder was ist eine Führungskraft?

Jeder, der Mitarbeiter hat, ist eine Führungskraft – könnte man meinen. Aber ist dem so? Ich würde sagen nein. Auch manche Manager haben Mitarbeiter und manchmal wird der Begriff „Manager" auch für hierarchisch höhergestellte Führungskräfte eines Unternehmens verwendet. Allerdings sind Mitarbeiter für Manager gelegentlich nicht viel mehr als Produktionsfaktoren (bitte nicht auf den obligatorischen Schlips getreten fühlen, liebe Manager – ist nicht böse gemeint, sondern nur meine Interpretation einer möglichen Realität). Echte Führung verlangt es, dass man mit den Mitarbeitern tatsächlich zusammenarbeitet, die Mitarbeiter also kennt, jeden einzelnen (Name, Arbeitsweise, Einstellungen, Fähigkeiten, usw.). „Kennen" ist dabei natürlich nichts Objektives, sondern heißt nur: „Ein subjektives Bild vom Mitarbeiter haben, das auf selbstgemachten Erfahrungen beruht." Oder anders gesagt: Unmittelbare Interaktion ist die Grundlage für Führung im hier angenommenen Sinne. Denn Interaktion ist die Grundlage für die geforderten selbst gemachten Erfahrungen.

Also kann ein Manager sehr viele Mitarbeiter haben – tatsächlich führen wird er aber nur wenige (z.B. ein Team – wenn es denn eines ist – von 5 Abteilungsleitern). Alle weiteren Ebenen werden nicht durch den Manager geführt, sondern wiederum durch die jeweiligen Führungskräfte. Das war's dann mit der Illusion von einer großen Führungs- bzw. Mitarbeiterspanne. Führung hat anscheinend eine Obergrenze – auch wenn es vielleicht nicht angenehm ist, zu hören, dass man als Manager eventuell weniger Mitarbeiter führt, als seine direkt unterstellten Mitarbeiter. Dieser Teil ist übrigens keine Satire, sondern „harte Realität" (zumindest das, was ich dafür halte). Es gibt also Manager, die führen; Führungskräfte, die auch managen, Manager, die nicht führen und Führungskräfte, die nicht managen. Aus Sicht der Mitarbeiter dürften wohl die führenden „Varianten" die angenehmsten und für Systeme die effizientesten sein. Manager, die Verwaltung mit Führung verwechseln wohl die ineffizientesten und unangenehmsten.

Ach so: Wer sich jetzt denkt: „Blödsinn!", der darf das natürlich gerne weiterhin denken – sei aber daran erinnert, dass die Sichtweise in meinem „Führungskopf" nicht der in seinem „Führungskopf" entsprechen muss. Im Gegenteil. Eine Übereinstimmung ist sogar äußerst unwahrscheinlich. Sollte sie doch vorhanden sein freue ich mich sehr über jede Email eines Ähnlichdenkers (und natürlich auch – und gerade – über jede Email eines Andersdenkers).

Gedanken – abseits von Führung?

Führung bietet viele Anknüpfungspunkte für noch mehr Themenfelder und für jeden, der meint etwas Wichtiges zum Thema beitragen zu können (könnte an dieser Stelle Selbstironie sein – oder auch nicht – wieder Ihre Interpretation). Einige Anknüpfungspunkte sind offensichtlich, einige weniger offensichtlich. Es gibt einige, die seriös, ernsthaft, notwendig, bedeutsam, schwerwiegend und/oder dramatisch sind. Und einige andere...

2 x 3 macht 4...

> ... widdewiddewitt und 3 macht 9e!
> Ich mach' mir die Welt –
> widdewidde wie sie mir gefällt!

Sicher – ein Kinderlied. Genaugenommen das von Pippi Langstrumpf. Aber: In ist, was drin ist bzw. steht. Moderne Autoren bezeichnen diese Sichtweise als Konstruktivismus (genau – die Sichtweise, der diese Abhandlung folgt!). Manche sogar als radikalen Konstruktivismus (Näheres dazu bei Ernst von Glasersfeld). Und dennoch bleibt die Aussage dieselbe: Ich mach' mir die Welt – widdewidde wie sie mir gefällt. Alles was ich sehe, denke oder fühle ist meine Konstruktion. Glaube ich an den Geist hinter der Kellertreppe oder unter dem Bett, dann ist er (für mich) real. Na ja – zumindest sind die Konsequenzen des Glaubens an den Geist real (nennt man dann „Thomas-Theorem" – klingt viel bedeutsamer und wissenschaftlicher und lässt sich übrigens auch auf jede Form von Glauben an sich übertragen). Und das weiß eigentlich jedes Kind, denn die Angst vor dem Geist ist real – und die Handlungen (z.B. Licht anschalten, pfeifen, 20-mal unter dem Bett nachsehen, usw.), die zur Kontrolle oder zur „Geisterabwehr" vollzogen werden, sind es ebenso. Dies gilt dann wiederum auch für die Wirkung: die Abwehr war erfolgreich, die Handlung wird dadurch verstärkt, weil mit Angstreduktion belohnt und der Glaube geht weiter. Sie erinnern Sich?! Ach so: Falls nicht, dann wäre es vielleicht ein interessanter Fall für eine Therapie (welcher Ausrichtung auch immer; bevorzug jedoch einer Ausrichtung, die in der Vergangenheit herumstochert) – das gehört aber nicht hierher.

Soviel zum Beispiel aus Kindertagen. Wir Erwachsenen kennen ähnliche Phänomene, nennen Sie z.B. „Psychologie der Börse", Konstruktivismus, Wahrnehmungspsychologie, Angst vor Reaktionen von Vorgesetzten (und/oder Mitarbeitern), Panikverkäufe, Angst vor Neuem, Widerstände gegen Veränderungen... aber die Aussage dahinter bleibt immer dieselbe: Wir machen uns selbst unsere Welt und Realität ist das, was wir dafür halten (jeder für sich natürlich). Total banal und genau das, was viele s.g. „Ratgeber" ausnutzen, indem sie einfache Lösungen anbieten, wo eigentlich einfaches Nachdenken sinnvoll und ausreichend wäre, umständlich und geldbringend für die Autoren. Es sei ihnen natürlich gegönnt (der Markt bestimmt schließlich das Angebot). Also: Glückwunsch an alle Ratgeberautoren – alte Milch in neuen Tüten. Die Erfahrung der Konstruktion ist da – in jedem von uns. Dennoch glauben wir an Realität, Objektivität, Messbarkeit, Planbarkeit. Alles Blödsinn (… zumindest in meiner Gedankenwelt). Machen wir nur, weil wir Angst vor dem haben, was ist: Ich kann nie wissen, was morgen ist, ich kann keinen Menschen berechnen und dennoch will ich es – umso mehr, je größer meine Angst ist. Es leben die Berater, die mit mehr Berechnungsmöglichkeiten und Tipps dazu, wie es richtig geht, diese Angst verringern wollen. Wir verringern also Angst und Unsicherheit, indem wir dem Faktor, der Angst auslöst, eine größere Bedeutung zuweisen und Druck aufbauen, indem wir versuchen (oder vorgeben) Unberechenbares zu berechnen. Frei nach dem Schema: Komplexität erzeugt Angst; ich stelle mehr Berechnungen an; erzeuge damit mehr Komplexität für mich und andere; dadurch rückt die Komplexität immer stärker in mein Bewusstsein (schließlich fokussiere ich meine Wahrnehmung darauf); dadurch habe ich dann noch mehr Angst, stelle mehr Berechnungen an, usw.. Na… was gemerkt? Genau… kann nur nach hinten losgehen. Außer für die, die ihr Geld mit klugen Ratschlägen machen. Oder mit komplexen Controllingtools. 2 x 3 macht also, was auch immer ich will, dass es macht. Und das gilt dann natürlich auch für andere, womit es potenziell so viele verschiedene Ergebnisse für die – vermeintlich – einfache Multiplikationsaufgabe geben dürfte, wie es Berechnungsversuche gibt.

… und noch einen Gedanken dazu: Die Idee dahinter ist schon deutlich älter…

Platon und die Höhle

Platon. Bestimmt bekannt. Der alte Grieche. Höhle. Bestimmt auch schon mal gehört. Tiefes Loch – häufig im Boden. Gleichnis. Bestimmt auch bekannt – eine bildhafte Darstellung eines Sachverhalts. Zusammengenommen: Platons Höhlengleichnis: Vielleicht schon mal gehört. Ist schließlich schon einige Jahre her. Gut. Ist an dieser Stelle nicht exakt recherchiert; aber die genaue Anzahl der Jahre ist für die Aussage ziemlich egal. Also: Nicht mehr Komplexität als unbedingt nötig.

Platon beschreibt in seiner πολιτεία (na ja… falls die Konstruktion nicht geklappt hat: „Politeia" – dem „Staat" also) Menschen, die so gefesselt sind, dass sie nur nach vorn schauen können. Hinter ihnen „passiert das Leben" (na gut – er beschreibt es nicht exakt mit diesen Worten… und außerdem auf Griechisch… es kommt uns hier aber nur auf die Inhalte an). Hinter „dem Leben" ist eine Lichtquelle, die es ermöglicht, dass die gefesselten Menschen Schatten vor sich an der Wand sehen können, die von den Dingen des Lebens geworfen werden. Sie können sich nicht umdrehen, kennen nichts anderes, als die Schattenbilder und ihre Unterhaltung über die Schatten – und damit ist das, was sie sehen und reden, für sie die einzige und unanzweifelbare Realität. Würde man ihnen erklären, dass hinter ihnen das „wahre Leben" stattfindet und dass dieses mehr Facetten und Farben hat, als die ihnen bekannten grauen Schatten, dann würden sie es nicht glauben können und wollen, weil der Gedanke unbequem ist und Angst macht – hat man sich doch an seine eigene bekannte und überschaubare Realität gewönnt. Selbst dann, wenn man einen der Gefesselten losbindet, und ihm die Welt jenseits der Schattenwelt, oder gar außerhalb der Höhle zeigt, so wäre er zunächst unsicher und skeptisch und könnte die Gefesselten nach seiner Rückkehr nicht von seinen „Erkenntnissen" überzeugen. So was schon mal erlebt? Okay... wollte nur mal fragen. Schließlich sehen ja immer die Anderen nur die Schatten und ich erkenne das wahre Leben. Wie geht das nun aber mit Pippi Langstrumpf zusammen? Tja...

Platon und Pippi Langstrumpf

Platon deutet an, dass wir die Welt nicht unmittelbar erkennen können. Das sagt übrigens – wiedermal – auch die moderne Hirnforschung. Kurz zusammengefasst gibt es Zellen, die Kontakt zur Außenwelt haben („Sinnesorgane"). Deren Signale werden dann immer von anderen Zellen verarbeitet und/oder weitergeleitet, die keinen unmittelbaren „Außenkontakt" haben. Es entsteht also sozusagen immer ein neuronales „stille Post Spiel" im Inneren. Und dabei interpretiert das Gehirn dann letztlich immer schon vorgefilterte Reize. Dennoch können wir natürlich ganz gut mit den Reizen arbeiten, die ankommen.

Wenn wir Welt zu erkennen glauben, dann kann uns das Angst machen; zudem glauben wir denen nicht, die Teile von Welt anders sehen können als wir selbst. Die fremden Sichtweisen sind ungewohnt, passen nicht in unser Weltbild und verunsichern uns. Schlüsselwörter hierzu sind: Angst, Ungewissheit, Abwehr, Ausweichen (Untersuchungen hierzu machte z.B. auch Chris Argyris – im Rahmen der Untersuchung von organisationalen Lernprozessen). Pippi Langstrumpf sagt: Ich mach' mir die Welt – widdewidde wie sie mir gefällt. Schlüsselwörter: Spaß, Freude, Neugier, Interesse. Potentiell gleiche Situation – unterschiedlich interpretiert mit wahrscheinlich unterschiedlichen Konsequenzen.

Hier geht zusammen, was doch eigentlich nicht zusammengehen darf: Ich kann Welt nicht erkennen. Dies kann mir Angst machen und mich zu sinnlosem Handeln verleiten – nämlich dazu, mir Sicherheitsillusionen zu schaffen. Aufwändig inszeniert, nicht zielführend, verunsichernd… zeitaufwändig; dann sind Leben – und auch Führung – dramatisch, bedrohlich, gefährlich, negativ und pessimistisch. Ich kann aber auch die Unberechenbarkeit und Nicht-Erkennbarkeit des Lebens einfach akzeptieren. Die Welt ist für mich sowieso so, wie ich sie mir denke. Und das kann ausnahmslos gut, interessant, spannend und lebenswert sein. Meine Entscheidung. Allerdings muss ich mich dann eventuell damit abfinden, ein Optimist zu sein (sofern ich Vorkommnisse optimistisch sehen will). Sicher auch für eine Führungskraft keine allzu schlechte Einstellung. Es gibt also sicher Schlimmeres. Das oben Beschriebene gilt übrigens auch immer für alle anderen, die sich ihre Welt machen, widdewidde wie sie ihnen gefällt. Bedrohlich oder spannend – kann man wiederum sehen wie man will. Und folglich sind dann unterschiedliche Sichtweisen grundsätzlich positiv und begrüßenswert, erweitern sie doch unsere Sichtweisen und damit unseren Handlungsspielraum als Führungskraft und als Mensch.

Also: Platon hat gesagt wie es – in seiner Konstruktion – ist. Pippi Langstrumpf hat festgestellt, wie man am besten damit umgeht. Kindlich, interessiert, naiv. Eine Feststellung, die übrigens sogar in moderne Coachingansätze eingeflossen ist – auch wenn es dort etwas anders klingt. Dort heißt es nämlich: „Setzte Dein Nichtwissen ein". Wiedermal eine neue Erkenntnis, die nicht wirklich neu ist – klingt aber natürlich besser, weil wissenschaftlicher. Wer würde schließlich einen Coach ernstnehmen, der sich in seinen Methoden auf ein Kinderbuch bezieht und nach Pippi Langstrumpf oder Astrid Lindgren zertifiziert ist? Obwohl... wer prüft schon immer, was hinter einem Zertifikat steht? Nun ja – ist wohl ein anderes Thema.

Stellt sich also die Frage: Warum in einem Zustand dauernder Unsicherheit leben, wenn Ungewissheit und das damit verbundene Nichtwissen anscheinend sogar ein erstrebenswerter Zustand sein können? Denn…

Erstens kommt alles anders…

… und zweitens: als man denkt. Eine Feststellung, die sicher schon unsere Vorfahren gemacht haben, sobald eine Mammutfalle (die man sich natürlich nicht so vorstellen darf, wie eine überdimensionale Mausfalle – obwohl man es natürlich könnte) nicht funktioniert hat, ein Raubtier einen Fortpflanzungsversuch unterbrochen hat und man sich nicht vermehren konnte, sondern schlimmstenfalls einfach gefressen wurde (wenngleich die Gedanken in diesem Fall sicherlich nur wenig komplexer Natur gewesen sein dürften – wie der interessierte Leser sicher nachvollziehen kann, ohne je in der Situation gewesen sein zu müssen; das nennt man dann „Perspektivenwechsel" – oder: „gedankliche Repräsentation von Gegebenheiten" – oder auch einfach: Denken). Und denkend können wir prinzipiell jede denkbare Perspektive einnehmen. Die Grenzen unseres Denkens sind also auch die eigentlichen Grenzen unserer Möglichkeiten.

Heute nennen wir die alte Erkenntnis, dass immer alles anders kommt – oder zumindest anders kommen kann – als geplant, dennoch „neu" oder auch „modern". Schließlich gibt es einfach zu viele Einflussfaktoren, die sich unserer Kontrolle entziehen bzw. die wir zum Teil nicht kennen, bevor wir zum ersten Mal in den „Genuss" des jeweiligen Einflusses gekommen sind.

In kybernetischen Modellen stellen wir fest, dass es vielfältige Wechselwirkungen gibt, die nicht in Gänze berechnet werden können und die, da sie potenziell unendlich sind, nicht vollständig durchdacht werden können – es sei denn wir wollen ewig nur denken und nicht handeln (auch ein Führungsstil – allerdings keiner, der in der einschlägigen Literatur zu finden ist; in der Praxis aber sehr wohl). Und selbst dann, wenn wir nur denken, erzeugen Gedanken neue Wechselwirkungen, usw. Die Theorie dazu nennen wir dann Systemdenken. Dass allerdings die Beobachtung einer Situation diese bereits verändern kann ist eine Erkenntnis der Quantenmechanik (genauer beschrieben in der Kopenhagener Deutung) – auch hier eine neue Erkenntnis, die schon in vergangenen Zeiten gemacht wurde – und jetzt sogar für kleinste „Teilchen" belegt werden kann. Und die können – zumindest nach dem heutigen Stand der Forschung – nicht einmal darüber nachdenken, wie sie agieren wollen. In diesem Handlungsfeld gibt es spannende Untersuchungen und Experimente, die dennoch nichts anderes besagen, als dass wir nicht wissen, was kommt und dass sich unser Handeln auf unser Umfeld auswirkt – ohne dass wir genau wissen können wie und warum. Und dabei ist auch Nichtstun schon eine Handlung.

Ist doch interessant für alle Führungskräfte, Berater und Coaches: Edgar Schein sagt ja auch, dass alles, was ich tue, eine Intervention ist. Und frei nach einer Regel der Juristen gibt es hier sicherlich auch das Begehen durch Unterlassung; damit ist natürlich auch alles, was ich nicht tue, eine Intervention – oder ganz frei nach Watzlawick: Man kann nicht nichts tun – schließlich steckt auch in „nichts tun" etwas „tun" (genaugenommen ein Drittel ohne Leerschritt – für die Controller unter den Lesern)… apropos tun…

Alles – immer – gleichzeitig

Mobiltelefon, Email (gern auch auf dem Mobiltelefon), sms, Anrufe, telefonieren und zugleich während eines Meetings oder im Auto Emails beantworten, während man sein Mittagessen in sich hineinschlingt. Erreichbarkeit. Immer und überall. Informationen jetzt und gleich – egal ob ich sie brauche. Hauptsache Informationen. Auch für alle anderen und auch egal, ob diese die Informationen wollen, brauchen oder überhaupt verarbeiten können. Im letzten Kapitel wurde bereits angedeutet, dass zu viele Informationen vielleicht gar nicht so gut sind. Dennoch wollen wir immer über alles informiert sein. Das ist auch gut so. Was sollten wir sonst mit der ganzen schönen Zeit anfangen. Und Entscheidungen wären auch viel zu einfach, wenn wir weniger Informationen hätten. Es gilt also, möglichst viel von dem zu haben, was wir nicht vollständig haben können, um uns ein noch verwirrenderes Bild von einer Realität zu machen, die ohnehin nur von uns konstruiert ist. Ein perfektes Bild also, das sowieso nie perfekt und vollständig „richtig" sein kann, solange wir es nicht dafür halten. Der wahnhafte Versuch, etwas vollständig zu erfassen, was potenziell eine unendliche Größe und Vielfalt hat. Total logisch, sinnvoll und zielführend – oder? „Unendlich" können Sie sich doch sicher gut vorstellen. Glückwunsch... ich bin dabei nämlich am Ende meiner Konstruktionsfähigkeit. Welchen Sinn macht es also, einem nicht erreichbaren Zustand hinterherzurennen? Mir fällt hierzu unweigerlich das Bild vom Esel mit der Möhre ein. Ist es nicht vielleicht sogar einfacher, sich mit beschränkten Informationen zu begnügen? So bleibe ich handlungsfähig. Und wieder einmal habe ich die Wahl: Informationen en masse oder Handlungsfähigkeit und echte Ergebnisse. Luhmann würde dazu sagen, dass es das Ziel sein sollte, Komplexität zu reduzieren und Dietrich Dörner würde sicher davor warnen, Planung und Informationssammlung bis zur vollkommenen Systemerfassung, die ohnehin nicht möglich ist – und damit bis zur Handlungsunfähigkeit – fortzusetzen. Und das ist fix mal passiert, indem mir während des Planens die Vielfältigkeit einer Situation immer deutlicher wird, woraufhin ich noch mehr plane, wieder mehr Komplexität erkenne und erzeuge, mehr plane... und letztlich nur noch plane und nichts mehr entscheide – und schon gar nicht handle. Wenn jedoch „Erfassung", also Datensammlung selbst das Ziel ist, dann macht exzessive Planung natürlich wieder Sinn.

Einen ähnlichen Mechanismus kann man übrigens finden, wenn es um den Umgang mit unseren Mitmenschen geht – auch hier kann man durchaus versuchen, Informationen bis zur Handlungsunfähigkeit zu sammeln – oder die vorhandenen Informationen in Systemen zusammenzufassen, die so stark vereinfachen, dass mir Entscheidungen leicht fallen, auch wenn deren Sinnhaftigkeit dann sehr fragwürdig ist. Also folgt an dieser Stelle der Aufruf:

Kategorisieren Sie Menschen…

… clustern Sie, packen Sie in Schubladen. Ordnung muss sein…. ist ja schließlich schön übersichtlich und bringt uns weiter. Ja… ja… wäre doch schön, wenn man Menschen in Schubladen einsortieren könnte. Und zwar umso besser, je einfacher das geht. Es gibt durchaus moderne Ansätze, die eben dies versuchen: durch vermeintliche Sicherheit Unsicherheit und Komplexität zu reduzieren und damit eine Illusion von Sicherheit und Berechenbarkeit entstehen zu lassen. Und da es Mechanismen wie z.B. eine selbsterfüllende Prophezeiung gibt, kann es sogar manchmal so aussehen, als ob diese Ansätze funktionieren würden: Einordnungen in 4 Typen – knackig mit einer Eigenschaft beschrieben – oder das Sortieren nach 4 Farben oder die Tests in diversen Frauenzeitschriften sind hierfür moderne Beispiele – die Phrenologie der Postmoderne, sozusagen. Die Kategorien klingen irgendwie wissenschaftlich und vermitteln vermeintliche Sicherheit und Struktur.

Doch wenn ich Menschen kategorisiere, dann muss ich immer davon ausgehen, dass es sie für mich auch nur im Rahmen meiner Kategorien gibt. Schließlich kann ich nur sehen, was ich kategorisieren kann – was ich also bereits kenne. Neues gibt es eigentlich nicht. Dadurch grenze ich unendlich viele Optionen aus – eine Komplexitätsreduktion, die in der heutigen, hochkomplexen Welt offensichtlich doch etwas zu weit gehen dürfte und damit kaum zielführend ist. Aber auch hier gilt: ich mach' mir die Welt, widdewidde wie sie mir gefällt. Mag ich es einfach – dann ist es einfach. Auch wenn es dadurch vielleicht gänzlich unangemessen ist.

Große Schubladen ermöglichen es dabei, viel einzusortieren, sehen von außen ordentlich aus – und innen ist das reinste Chaos (Prinzip: ein Kinderzimmer in einen Schrank; geht, aber… die Eltern unter Ihnen und diejenigen, die früher einmal Kinder waren, wissen sicher, was ich meine…). Sieht gut aus, bringt uns aber nicht weiter. Viele Schubladen ermöglichen eine „passendere" Sortierung, werden aber irgendwann genauso komplex (oder chaotisch?), wie die Ausganssituation, wenn die Anzahl der Schubladen erst groß genug ist.

Sinnvoller ist es vielleicht, andere so sein zu lassen, wie es ihren eigenen „Kategorien" entspricht. Fühlt sich seltsam an, weil es nicht berechenbar ist? Stimmt. Ist aber so! Zumindest in meiner Konstruktion. Denn: Meine Kategorien müssen nicht so sein, dass andere hineinpassen. Also – um beim Bild der Schubladen zu bleiben – muss ich die Anderen „zurechtstutzen", sodass sie in meine Schubladen passen, oder ich werde sie beim Bewegen der Schublade „einklemmen". Dass sie sich das nicht – oder nur unwillig – gefallen lassen ist doch recht wahrscheinlich. Oder lassen Sie sich gerne Finger oder sonstige Körperteile in Schubladen einklemmen? Ich denke wohl kaum.

Ist es andererseits nicht denkbar, Komplexität einfach hinzunehmen, sie nicht zwanghaft „abzuschneiden"? Zu akzeptieren, dass die Dinge nicht zwingend so sind, wie sie scheinen – oder wie ich sie gerne hätte – und trotzdem zu handeln? Auch dieser Gedanke ist keineswegs neu. Es ist eigentlich nur eine etwas andere Interpretation von Aktionsforschung: Ändere etwas, schau, was dabei rauskommt und prüfe, ob es Dich Deinem Ziel näher gebracht hat. Wenn nicht, dann versuche etwas Neues. Hier geht es übrigens nicht um Beliebigkeit, sondern darum, Dinge zu versuchen, nicht davon auszugehen, dass das gewünschte Ergebnis auf jeden Fall eintritt und dabei auch auf „Nebenwirkungen" des eigenen Handelns zu achten. Mediziner und Pharmazeuten kennen das Prinzip. Und warum sollte das Handeln einer Führungskraft nicht einfachste Hinweise von Packungsbeilagen beachten können. Der Verstand (hier also: das Gehirn) ist doch sicher mindestens so komplex wie andere Körperteile – oder? Lässt sich im Übrigen nicht nur auf den Umgang mit Menschen beziehen, sondern auch auf Handeln im Allgemeinen übertragen.

Ziele: Meins – Deins – Keins

Mein Ziel – Dein Ziel – Kein Ziel. Egoismus ist eine spannende Sache. Vor allem im Rahmen von Führungshandeln. Dreht es sich um „Durchsetzen", unbedingte Zielerreichung und entweder-oder, dann ist es nicht immer möglich, überhaupt etwas zu erreichen. Klingt seltsam? Ist es auch. Schließlich sind Ziele auch – wie alles in unserer Welt – eine Konstruktion des jeweiligen „Zielinhabers". Ziele Anderer können kaum verstanden werden und selbst die eigenen Ziele kann man wohl nur mit Glück und keinesfalls immer verstehen. Und damit stellen sich grundsätzlich immer die Fragen: „Was genau durchsetzen?" und „Wogegen oder gegen wen überhaupt?" und „Warum überhaupt?"

In der Gehirnforschung wurde schließlich sogar herausgefunden, dass auch bei willentlichen Entscheidungen unser Gehirn schon aktiv war, bevor die Entscheidung in unser Bewusstsein gelangt ist; oder einfacher: Das Gehirn beginnt schon mit der Handlung oder zumindest mit der Handlungsvorbereitung, bevor wir uns bewusst dazu entschlossen haben. Spannend – oder? Ist also nichts mit freiem Willen und freien Zielen? Nun ja. Die Forschung wird's zeigen. Vielleicht war die entscheidende Grundlage für die Entscheidung schon entschieden, bevor wir bewusst entscheiden konnten und hat dann die Handlung ausgelöst. Die Frage nach der Henne und dem Ei also – oder nach der Wirksamkeit von Sternenkonstellationen zum Geburtszeitpunkt. Irgendwie. Zumindest nach dem heutigen Stand der Wissenschaft – ohne Quantendenken. An dieser Stelle ist es nicht wesentlich, sondern eine interessante „Randbemerkung". Was wir festhalten können ist, dass es nicht gänzlich möglich ist, zu verstehen, wie andere Menschen ihre Ziele generieren; klingt auch logisch, wenn wir es doch schon mit unseren eigenen Zielen kaum hinbekommen. Damit ist es dann eigentlich auch nicht möglich, zu erkennen, ob die Zielerreichung dieser anderen Menschen für meine eigene Zielerreichung hilfreich oder schädlich ist. Ein Dilemma? Mag irgendwie sein. Allerdings kann man sich ja auch noch an übergeordneten Zielen orientieren. Dienen beide Ziele der Erreichung eines übergeordneten Ziels (wie dieses auch immer entstanden sein mag), dann ist zumindest schon einmal eine mögliche Basis für eine Zusammenarbeit gegeben... aber noch immer keine Garantie für eine positive Zusammenarbeit (was man auch immer darunter verstehen mag). Können also zwei Menschen einen Teil ihrer Ziele verwirklichen und dabei auch noch an der Erreichung gemeinsamer Ziele arbeiten, dann ist schon viel gewonnen. Und dabei können und müssen das Zustandekommen der Ziele (und auch die Ziele selbst) weder bis ins letzte Detail verstanden, noch „erklärungsversucht" werden. Es genügt die Verständigung auf eine Interpretation, die ähnlich genug ist. Damit sind Interaktion und Diskurs die Grundlage jeder Zielfindung; beides hilft mir, andere und mich selbst etwas besser verstehen zu können, Handlungen zu konkretisieren und mich mit ihnen auf eine ähnliche Interpretation für gemeinsame Ziel zu verständigen. Und dies steht im Gegensatz zur häufig – wenn auch nicht immer offen – vertretenen Sichtweise:

Nur nicht kooperieren – Menschen brauchen ein Feindbild

Kooperation ist für Weicheier. Und die anderen sind schlecht – schließlich sind die ja nicht so wie ich. Und alles was anders ist, ist grundsätzlich bedrohlich. Allerdings ist eigentlich alles (und auch jeder) anders als ich. Und wenn jemand – oder etwas – so wäre wie ich, dann könnte ich das eigentlich auch nicht erkennen. Also schon wieder eine Sackgasse mit stets bedrohlichen Straßenrändern, Fahrbahnbelägen, etc. Ich kann nicht das Eine (erkennen, wer so ist wie ich) – und will nicht das Andere (kooperieren und vertrauen) – und doch soll ich handeln. Bleibt allein die Frage wie.

Hier gibt es natürlich unterschiedliche Lösungsansätze: Z.B. finde ich Unterschiede gut, weil ich damit ein Feindbild identifizieren kann – z.b. andere Abteilungen. Gerne genommen. Die gehören zwar zum selben Unternehmen, sind aber anders. Und wir verfolgen zwar offiziell dieselben Ziele – übergeordnete Unternehmensziele quasi –, aber die Anderen wollen das nicht wirklich. Es ist ihre eigentliche Hauptaufgabe, mir das Leben schwer zu machen. Eine praktische Sichtweise, reduziert sie doch wieder einmal Komplexität. Indem ich mein Problem klar identifizieren kann (nämlich die Anderen), muss ich mich nicht mit den vielen verwirrenden Einflüssen der Umwelt auseinandersetzen. Ist viel einfacher so. Klar umrissenes Problem; im eigenen Unternehmen; damit sehr gut (an-)greifbar. Die anderen sehen es genauso und schon können wir uns perfekt mit uns selbst beschäftigen und brauchen gar keine Umwelteinflüsse mehr – echt praktisch. Nur dumm, dass geschlossene Systeme sich nicht an Umweltveränderungen anpassen können – die bekommen sie nämlich gar nicht mit, weil sie sich um sich selbst drehen. Mal davon abgesehen, dass die meisten Systeme ja nicht wirklich geschlossen sind, sondern nur manchmal so tun. Je nach exakter Ausrichtung gibt es in der psychoanalytischen Literatur für die genannten Mechanismen wiederum lustige Bezeichnungen: Vermeidung, Verdrängung, Projektion, Sündenbocksuche, gekreuzte Kollusionen, usw. Wer hat nicht schon mal darüber nachgedacht, ob es sich bei der Nachbarabteilung nicht vielleicht um eine psychotische Abteilung handelt? Kennt jeder? Dann muss es sicher auch schon mal jemand über Ihre Abteilung gedacht haben – oder? Tja… mal wieder was zum nachdenken.

Die Alternative ist ohne Zweifel erschreckend: Vertrauensvorschuss und Kooperation, die von mir ausgehen. Natürlich mit dem unberechenbaren Risiko, dass es tatsächlich zu Kooperation und zur Entstehung einer Vertrauenskultur kommen kann.

Führung – jetzt mal militärisch

Lagefeststellung – Planung – Befehlsgebung – Kontrolle. Klingt einfach, ist es auch. Dabei gibt es noch unterschiedliche Detaillierungsgrade in der Befehlsformulierung – oder anders gesagt: Befehls- oder

Auftragstaktik. Bei der Ersteren wird jeder einzelne Schritt vorgegeben, bei Letzterer bestehen große Freiräume. Befehlstaktik macht dabei nur Sinn, wenn alles exakt abgestimmt werden muss – oder wenn dem Befehlsempfänger nicht alle Informationen, die von der Führungskraft als für eine Entscheidung notwendig erachtet werden, zugänglich sind. Die Erstere ist dabei der Letzteren vorzuziehen, weil Flexibilität als notwendige Grundlage erfolgreichen Handelns in einer komplexen Umwelt betrachtet wird. Klingt doch ganz schön modern – oder? Ist es auch! Folgt zwar immer noch dem Harzburger Modell, geht aber – jenseits rigider Stellenbeschreibungen – davon aus, dass man Mitarbeitern größtmögliche Freiräume einräumen soll, um – modern gesagt – Synergien nutzen zu können und Mitarbeitern Entwicklung und innovative Lösungen zu ermöglichen. Ein Vorbildmodell für jeden Manager und Controller – und ein klares „weg von" zu detaillierter Kontrolle.

Wie der aufmerksame Leser sicher bereits festgestellt hat, bleibt allerdings die Frage, wer entscheidet, welche Informationen für Entscheidungen notwendig sind – gilt es doch potenziell „unendlich" auf „überschaubar" zu reduzieren. Und dadurch dann natürlich auch entscheidungsvermeidende Planungs- und Kontrollorgien einzuschränken. Ein klares Indiz für die Sinnhaftigkeit der Auftragstaktik bzw. für die Notwendigkeit einer dritten Form der „...taktik", die noch etwas kontrollbefreiter ist. So sind sicher auch Entscheidungsprozesse denkbar, die dem Prinzip chaotischer Lagerhaltung folgen und auf einer einheitlichen Kompetenzgrundlage der Handelnden und einer Ausrichtung der Handlungen an einem bekannten übergeordneten Ziel basieren, ohne alle Handlungen immer explizit aufeinander abzustimmen. Konstruktives Chaos quasi, dass sicher auf der Grundlage systemischen und vernetzten Denkens bis zu einem gewissen Grad zu steuern und an übergeordneten Zielen auszurichten sein dürfte und dabei noch genügen Selbststeuerungsprozesse zulässt. Apropos kontrollbefreit:

Schon mal jemanden kennengelernt, der immer alles kontrollieren will? Ist ja eigentlich ohnehin nicht möglich – sagt zumindest die Komplexitätstheorie und wurde oben ja auch schon ein bis zweimal dargestellt. Über Kontrolle versuche ich Gewissheit zu erlangen. Ich kann aber nur kontrollieren, was ich wahrnehmen kann und was ich wahrnehme ist nur meine Konstruktion – abhängig von meiner Erfahrung und von meiner Beobachtungsperspektive. Dadurch kontrolliere ich letztlich immer irgendwie nur mich selbst, nutze die Gelegenheit meine eigenen Defizite auf andere zu projizieren und die „wirklichen" Probleme nicht zu erkennen, weil ich ohnehin „Teil des Systems" bin und damit beinahe zwangsläufig ins System falle. Also: Ein Appell für die Auftragstaktik – und ein Appell, auch mal über alte Modelle und deren moderne Anwendungsfelder nachzudenken.

Übrigens setzt die Auswahl zwischen den beiden oben beschriebenen „Führungsmethoden" ein sehr deutliches Bild von „Welt" voraus – und damit die Fähigkeit, unterschiedliche Komplexitätsgrade zu erkennen. Eine hohe Anforderung und – jeder militärische Führer wird es sicher bestätigen – in der Praxis sicher nicht immer umsetzbar, denn auch Komplexität ist selbstverständlich nur eine Konstruktion. Hier bildet wohl Reflexionsfähigkeit die Grundlage für die sinnhafte Reduzierung von Komplexität für andere – und zum Teil auch für mich selbst. Und damit beginnt Führung immer mit der Selbstführung der Führungskraft. Unbequem – kann man dann doch nicht anderen sagen, was sie tun und lassen sollen, sondern muss zunächst reflektieren, was man selbst überhaupt wollen könnte und damit die eigenen Konstruktionen hinterfragen. Aber Selbstführung und Reflexion brauchen Zeit. Auch hierzu – natürlich – ein Denkanstoß.

80/20 – mal anders

Zeit „gewinnen", „verschenken" oder „sparen" waren weiter vorn ja schon ein Thema. Beides ist natürlich (wörtlich genommen) Unsinn. Die Konstruktion meiner Zeitnutzung ist jedoch veränderbar – sagt das Pareto-Prinzip: in 80 % meiner Zeit erreiche ich nur 20 % meiner Ergebnisse. In 20% mache ich die wirklich wichtigen Dinge – erreiche also 80% meiner Ergebnisse. Okay. Pareto hat sich eigentlich mit Wohlstandsverteilung und der Verteilung von Einwohnern beschäftigt, aber bei der Übertragung auf das sogenannte Zeitmanagement handelt es sich trotzdem um eine spannende Annahme – die zudem auch noch weitergedacht werden kann. Wir sehen hier auch davon ab, dass dieser Gedanke quasi fraktal weitergesponnen werden kann, da bei einer Verbesserung von 2 % immer davon ausgegangen werden müsste, dass auch auf diese die 80/20 Regel angewendet werden kann, sodass die 100 % eigentlich nicht erreichbar sind und damit eigentlich nur eine Annäherung möglich ist. Dennoch: Wenn ich eigentlich nur 20 % meiner Zeit bräuchte, dann ist mein Zeitmanagement (was auch immer man darunter verstehen mag) offensichtlich nicht optimal. Kann ich die 20 % selbst einschätzen? Wohl kaum... Sie können es sich schon denken: Ist ja schließlich alles meine Konstruktion (wie übrigens auch die Einschätzung dessen, was „wichtig" ist). Gehen wir mal davon aus, dass ich nicht komplett verblödet bin und zudem auch noch positive Ergebnisse erreichen oder „wichtige Dinge" tun will. Dann heißt es, dass ich nicht erkenne, was tatsächlich die 20 % mit der größten Hebelwirkung sind – sonst würde ich anders handeln. Also macht es Sinn, dass jemand von außen mein Handeln prüft und mir Rückmeldungen gibt. Z.B. ein Coach – der dann wiederum seine eigenen blinden Flecken hat. Er braucht eine Supervision durch einen Supervisor mit blinden Flecken, usw. Und die blinden Flecken sind ohnehin auch nur eine Konstruktion der Person, die die blinden Flecken zu sehen glaubt. Damit kann ich sowieso nicht mehr erreichen? Nun, vielleicht geht es doch. Letztlich geht es um die Zielkonstruktion. Ich muss nur darauf achten, mich nicht so zu „optimieren", dass ich in 100 % meiner Zeit 20 % meiner Ziele erreiche – oder vielleicht Handlungen weglasse, die wichtig waren, obwohl ich dies nicht so eingeschätzt habe (z.B. Beziehungsmanagement durch Manager – eigentlich „sinnloser" Smalltalk, der nichts mit den eigentlichen Zielen zu tun hat; lasse ich ihn weg, generiere ich mir Probleme – garantiert). Also: Was will ich? In 100 % meiner Zeit 400 % meiner Ergebnisse erreichen? (Nur zur

Sicherheit: „%" heißt „von Hundert"; also: 400 von 100... was gemerkt?!?) Klingt nach Blödsinn – oder? Oder will ich vielleicht mit 25 % meiner Zeit 100 % meiner Ziele erreichen – klingt doch schon besser. Eine relative Veränderung von 25 % meines Zeiteinsatzes mit der Wirkung einer absoluten Veränderung von 25 % bei der Zielerreichung und ich habe immer noch 75 % meiner Zeit zur freien Verfügung – um das zu tun, was vielleicht nicht unmittelbares Ziel ist: Zur Selbstführung, zur Selbstreflexion, für Dinge, die Spaß machen – oder sogar zur Erholung. Es wäre folglich möglich mit 25 % meiner Zeit 100 % meiner Ziele zu erreichen. 25 % könnte ich für die Entwicklung neuer Ziele einsetzen; ich könnte 25 % in ein intensives Beziehungsmanagement investieren und hätte immer noch 25 % Frei(h/z)eit. Wie ich finde ein sehr verlockender Gedanke. Pareto sei Dank – oder denen, die ihn interpretiert haben. Wobei natürlich die Frage der maximal einsetzbaren Zeit noch nicht beantwortet ist (z.B. mit oder ohne Schlaf, Konformität mit Arbeitszeitgesetzen, usw.). Und zum Thema „Zeit" gibt es noch mehr anzumerken.

Von der Zeit – mal allgemein

Schon Nietzsche hat sich zum Thema Zeit so seine Gedanken gemacht. Jetzt kommt übrigens nicht die Nummer mit der Peitsche. Er hat sich Gedanken gemacht über den „Nutzen und Nachteil der Historie für den Menschen". Tja. Dabei kommt er – hier in einer Kurzfassung – zu dem Schluss, dass Tiere unhistorisch sind und damit einige menschliche Probleme nicht haben. D.h. was vorbei ist, das ist z.B. für einen Kudu (eine sehr wohlschmeckende Antilopenart – ein Tier also) auch tatsächlich vorbei. Hätte ihn vor 60 Minuten ein Löwe fast gefressen, dann ist das jetzt schon nicht mehr relevant. Er lebt nicht in Angst vor Löwen und ärgert sich nicht darüber, fast gefressen worden zu sein. Er denkt nicht darüber nach, ob er heute Morgen besser einen anderen Weg zur Wasserstelle hätte nehmen sollen oder ob er besser nicht dem Kuduweibchen von nebenan hinterher geschaut hätte, um den Löwen, der ihn fast gefressen hätte, schon etwas früher erkannt haben zu können. Nichts davon. Keine „Konjunktivitis" (für alle Mediziner: ich spreche hier natürlich nicht von einer Bindehautentzündung, sondern vom immer gern genommenen „hätte – wäre – wenn"). Kein hätte, wäre, wenn – zumindest beim Kudu. Neuer Tag, neues Glück. Schätze, da könnten wir schon ganz schön was lernen. Für die Flucht des Kudus macht Stress auch Sinn (mit allen körperlichen Folgen wie höherem Blutdruck, Tunnelblick, Pulserhöhung, usw.) – schließlich kann er dann schneller rennen, höher springen und lässt sich auf der Flucht auch nicht von leckeren Blättern ablenken. Aber wenn es vorbei ist, dann ist es vorbei. Und deswegen bekommt der Kudu auch keinen stressinduzierten Herzinfarkt – er ist „unhistorisch" im Nietzsche'schen Sinne. Hier sind allerdings auch Lust und Leid, Glück und Unglück, eng gekoppelt. Beides hängt damit zusammen, dass Menschen eben nicht nur in der Gegenwart leben und denken, sondern immer auch über die Vergangenheit und die Zukunft nachdenken – oder es zumindest können. Kann ich mich darüber ärgern, dann kann ich mich darüber auch freuen. Das eine nicht ohne das andere.

So. Jetzt nochmal vom Kudu zurück zu Nietzsche. Wir können sogar noch entscheiden und Rosinen picken. Wir haben die Möglichkeit aus dem Vergangenen zu lernen und dennoch frei nach vorne zu entscheiden… und wir können lernen, dass Vergangenes vorbei ist und dass die Zukunft so sein wird, wie wir sie gestalten (sagte ja schließlich auch schon Doc Brown in „Zurück in die Zukunft"). Und da sind wir wieder bei Pareto: über Dinge, die ich nicht mehr ändern kann, zu grübeln oder mich darüber zu ärgern und in der Vergangenheit möglich gewesene Alternativszenarien zu entwickeln – ohne konkret daraus zu lernen – ist sicherlich Teil der unnützen 80 % – genauso wie das ausmalen möglicher Horrorszenarien für die Zukunft (und dazu zähle ich auch den Gedanken daran, was bei der nächsten Präsentation schief gehen könnte, wer meinen Verbesserungsvorschlag schlecht finden könnten und welche Argumente vorgebracht werden könnten, um meine Ideen zu zerreißen).

Das Motto könnte hier also lauten:

Vergangenes reflektieren – Konsequenzen für die Zukunft daraus ableiten (also: lernen) – abhaken und handeln.

Oder – wie es ein Sportkamerad mal ausgedrückt hat:

Ärgern – vorbei!!

Oder – positiver formuliert:

Nachdenken – folgern – handeln – reflektieren - vorbei!!

Klassische Führungsprobleme – und deren einfache Lösung. Vorsicht: „Ratgeberniveau"!

Auf den folgenden Seiten sind einige „klassische" Herausforderungen dargestellt, denen Führungskräfte in ihrem Alltag begegnen können. Vielleicht werden Sie sich in der einen oder anderen Darstellung sogar wiederfinden.

Natürlich werden auch zu jeder Herausforderung – oder lassen Sie uns die Herausforderungen in diesem Fall wirklich ganz unpopulär mal als „Probleme" bezeichnen – zumeist mehrere adäquate Lösungsansätze angeboten.

Hier aber auch nochmal der Hinweis: Es bleibt dem interessierten Leser (und ich hoffe, dass sich kein „Nicht-interessierter" bis hierhin durchgequält hat) überlassen, was Ratschlag bzw. Lösungsvorschlag ist – und was Satire.

Problemblatt 1
Problem
Meine Mitarbeiter sind faul.
Gedanken zum Problem

Stimmt. Die Mitarbeiter müssen weg, von mir motiviert werden – oder wir schulen die Faulheit weg!

1. Stimmt nicht. Ihre Interpretation ist nur eine mögliche Interpretation. Schon mal drüber nachgedacht, was die Mitarbeiter von ihrer „Faulheit" haben? Oder ob jemand anders sie sogar für fleißig hält?

2. Was genau bedeutet faul? An welchen Beobachtungen machen Sie „Faulheit" fest? Wie könnte jemand anders Ihre Beobachtungen interpretieren?

3. Wann sind die Mitarbeiter nicht faul? Wären sie immer faul, dann würde sich überhaupt nichts bewegen. Erreichen Sie (einige) Ergebnisse, dann gibt es Ausnahmen. Wie können die Ausnahmen zur Regel werden? Wie vielleicht sogar kanalisiert?

4. Schon mal was von Projektion gehört? Bedeutet, dass die Eigenschaften, die mich an mir stören, mich auch bei anderen stören.

Warum findet Ihr Bürostuhl dieses Problem absolut lächerlich?

Problemblatt 2
Problem **Keiner macht was ich will.**
Gedanken zum Problem

Ist normal so. Schließlich ist sich jeder selbst der Nächste.

1. Wissen „alle" überhaupt was Sie wollen? Wollen Sie etwas, was für die anderen sinnlos ist? Wenn ja: Welches Ziel verfolgen Sie damit?

2. Wissen Sie überhaupt, was Sie wollen? Oder erwarten Sie von den Anderen gar den „Blick in die Glaskugel"?

3. Was sind Ihre konkreten Ziele?

4. Können Sie die Ziele jetzt – sofort – formulieren? Wenn ja: Tun Sie es!

5. Was ist anders, nachdem Sie die Ziele erreicht haben?

6. Was ist anders, wenn Ihre Mitarbeiter das machen was Sie wollen?

7. Was haben die Mitarbeiter davon, wenn sie machen, was Sie wollen? Was haben sie davon, wenn sie es nicht tun? Was ist anders, nachdem sie es getan haben?

Warum kann ein 3-jähriges Kind dieses Problem sehr gut verstehen?

Problemblatt 3
Problem
Ich habe zu wenig Zeit.
Gedanken zum Problem

Weil ich besonders wichtig bin, habe ich auch so viel zu tun, dass meine Zeit knapp sein muss.

1. Zu wenig Zeit gibt es nicht. Zeit lässt sich auch nicht vermehren! Die Aussage – oder das „sich darüber aufregen" – macht ungefähr so viel Sinn, wie sich zu beschweren, dass sich die Erde dreht! Ist also „Zeitverschwendung".

2. Sie können Ihre Zeit folglich nur unterschiedlich nutzen – sinnvoll oder nicht sinnvoll (was auch immer das bedeutet).

3. Wofür ver(sch)wenden Sie Ihre Zeit?

4. Was sind Ihre Ziele?

5. Machen 3. und 4. zusammenbetrachtet Sinn?

6. Inwiefern schadet die Zeitknappheit Ihrer Zielerreichung?

7. Was würden Sie tun, wenn Ihnen eine Woche mit 36-stündigen Tagen geschenkt würde?

8. Hätten Sie dann genügend Zeit?

Warum empfindet eine Katze das ganze Nachdenken über Zeit als totale Zeitverschwendung? Und warum kann sie das?

Problemblatt 4
Problem   **Der Stress bringt mich noch um.**
Gedanken zum Problem

Stress haben doch alle, die besonders wichtig sind. Also: Müssen Sie nicht sogar gestresst sein?

1. Stimmt!
2. Woran erkennen Sie, dass Sie gestresst sind?
3. Was wäre anders, wenn der Stress weg wäre?
4. Was würde Ihnen dann fehlen?
5. Ist Stress nicht „in"? Warum dann die Mode-erscheinung aufgeben?
6. Welchen Nutzen hat der Stress für Sie?
7. Fühlen sich nicht vielleicht doch nur Schwächlinge gestresst?
8. Wird der Stress von außen ausgelöst? Wenn ja: Lesen Sie erneut das Kapitel „2x3 macht 4"!
9. Stress ist die Interpretation innerer (z.B. Puls, Zittern) oder äußerer (z.B. Mimik eines Ge-sprächspartners) Wahrnehmungen. Was könnte das für Sie bedeuten? Wie könnten andere die Wahrnehmung interpretieren? Ist es vielleicht gar eine Falschnehmung?

Warum ist ein Hund immer nur für sehr kurze Zeit gestresst?

Problemblatt 5
Problem
Ich bin…
Gedanken zum Problem

Stimmt. Menschen können nicht aus ihrer Haut. Sie sind genetisch vorprogrammiert. Rot, blau, extravertiert, schüchtern, reptilienhirnisch… Es gibt keine Ausnahmen!

1. Sind Sie nicht. Sie verhalten sich nur! Es geht also auch anders. Wie könnte es noch gehen?
2. Aber ich konnte doch gar nicht wissen, wie Sie den Satz fortgesetzt haben? Richtig!
3. Es ist egal, wovon Sie glauben, dass Sie es wären. Fakt ist, dass Sie sich immer nur so verhalten. Sie können auch anders.
4. Nein? Lesen Sie erneut das Kapitel „2x3 macht 4".
5. Ja? Wie könnten Sie denn?
6. Ab wann könnten Sie so, wie sie könnten, wenn Sie wollten?
7. Was ganz genau ist der erste Schritt hin zur Veränderung?

Warum ist es feige „zu sein"?

... so... jetzt Sie

Sie fragen sich: „Warum so viele Probleme auf so vielen Blättern?". Ganz einfach: Es kann helfen, seine Probleme zu dekonstruieren oder sich über sie lustig zu machen. Denn auch Probleme sind nur unsere Konstruktion. Richtig: Das heißt, dass wir uns unsere Probleme ausschließlich selbst machen – gilt zumindest für unsere Kultur. Ja, aber... was ist mit Einflüssen von außen? Auch diese Einflüsse werden durch mich wahrgenommen und ich kann entscheiden, was ich aus dieser Wahrnehmung konstruiere: Ein Problem, etwas witziges, gar nichts, usw. Ich kann entscheiden. Und damit – genau: Mach' ich mir die Welt, widdewidde wie sie mir gefällt... oder ich könnte es zumindest tun. Und damit ist meine Problemkonstruktion immer auch schon Teil der Lösung. Neue Konstruktion → andere Situationswahrnehmung → anderes oder gar kein Problem mehr. Übrigens: ein Gedanke, den ich für mich in einem Coaching entwickelt habe: Ich kann durchaus froh sein, Probleme zu haben. Der einzig „problemfreie" Zustand ist der Tod. Und dieser Zustand erscheint mir wenig erstrebenswert. Also: Seien Sie froh, dass Sie Probleme konstruieren können – diese Fähigkeit zeigt uns auch, dass wir leben. Und was wir aus den Problemen machen – das ist allein unsere Sache.

Daher sollen Sie mit den folgenden beiden Problemblättern die Gelegenheit erhalten, eben dies zu tun: Freuen Sie sich über Ihre Probleme, suchen Sie nach deren Nutzen. Hinterfragen Sie sie. Aus anderen, neuen Perspektiven. Bauen Sie die Probleme um. Stellen Sie Fragen, die im ersten Moment seltsam klingen. Nichts ist verboten – alles ist erlaubt. Oder machen Sie sich über die Probleme lustig. Dazu kann es nützlich sein, gedanklich in den Kopf einer anderen Person zu schlüpfen und sich die Frage zu stellen: „Warum könnte Person XY mein Problem für absolut lächerlich halten bzw. es gar nicht als Problem sehen?". Und: „Wenn diese Person es kann – warum sollte ich es nicht können?" und viel wichtiger: „Wie kann ich es konkret tun?"

Ach so: Vielleicht helfen Ihnen die „Warum-Fragen" im „normalen" Leben öfter mal nicht wirklich weiter. Eine Begründung dafür könnte es sein, dass „Warum-Fragen" das „Problembewusstsein" verstärken... und die Konzentration auf das Problem hilft oft nicht wirklich weiter... macht nur schlechte Laune – und das wollen wir doch sicher vermeiden – zumindest in meinem Lebensentwurf. Sicher ist Ihnen auch aufgefallen, dass die „Warum-Fragen" in den Problemblättern (fast) immer so gestellt sind, dass sie nach einer anderen Perspektive fragen. Nix mit grübeln, keine schlechte Laune. Nur ein anderer Blickwinkel – und noch dazu ein positiver. Optimismus ist doch was Schönes – zumindest für Optimisten.

Problemblatt
Problem
Gedanken zum Problem

Problemblatt
Problem
Gedanken zum Problem

Satire Ende – Satire Ende – Satire Ende – Satire Ende – Satire Ende – Satire Ende – Satire Ende

… oder?

Selbstdesign

Γνῶθι σεαυτόν (oder auch: Gnothi Seautón). Erkenne Dich selbst. Werde, der Du bist. Egal, ob Inschrift auf dem Apollon Tempel in Delphi, Interpretation von Goethe, Zitat von Nietzsche oder deren Nachfolgern und auch wenn die ursprüngliche Bedeutung durchaus strittig ist – es scheint vordergründig immer um dasselbe zu gehen: Selbsterkenntnis. Wissen, wer ich bin. Kenntnis meiner Persönlichkeit und meiner Ziele und damit das Wissen, was ich wirklich will, wer ich wirklich bin und was wirklich gut für mich ist. Für meinen Geschmack – schließlich bin ich „bekennender Konstruktivist" – etwas zu viel „Wirklichkeit" und auch ein „Zurück in die Zukunft" Problem – werde der Du bist und irgendwie auch sei der Du sein wirst.

Also: Warum nicht einfach mal den Spieß umdrehen?

Es gibt viele, spannende Interpretationen zu den Themen „Willen" und „Ziele", die alle recht wissenschaftlich sind und sich leicht – ebenso wissenschaftlich – wiederlegen lassen. Klingt zunächst verwirrend, aber der Praktiker wird daraus schließen: „Da geht was!"

Also: Hier das, was ist, oder, konstruktivistisch ge-sagt, was sein könnte – oder eben auch nicht.

Häufig hört man den Ratschlag, sich über seine Ziele klar zu werden, zu wissen, wo man hin will, zu ergründen, was die Ursachen, Motive, Beweggründe für eigenes Handeln sind, zu verstehen, warum man was tut oder getan hat – oder auch nicht getan hat – und Erlebnisse aus der Vergangenheit aufzuarbeiten, zu verarbeiten und keinesfalls zu verdrängen. Oder – anders gesagt – immer wieder in der Vergangenheit herumzustochern (richtig: hier geht es wieder um die böse Frage nach dem „Warum?") und Nicht-Planbares zu planen. Wenn ich weiß, was mich be-einflusst hat, dann kann ich erfahren, was ich wirk-lich (da ist es wieder!) will… wer ich bin… und ich kann konkreter planen (richtig… da war was… schauen Sie mal auf Seite 22).

Auf der anderen Seite gibt es – wie oben bereits dargestellt – glaubhafte wissenschaftlich Untersu-chungen, die belegen, dass bei Entscheidungen unser Gehirn bereits arbeitet, bevor uns dies bewusst ist. Unser Unterbewusstsein ist damit der Ausgangs-punkt für bewusste Denkprozesse (den Übergang zwischen Unbewusstem und Bewusstem bildet dabei das Vorbewusste; es gibt also auch hier ein „dazwi-schen" – eine „Graustufe" in den grauen Zellen qua-si). Diese Begriffe sollen jedoch schon genügen, um eine Spießumdrehanregung zu geben: Wenn das Unterbewusstsein schon aktiv wird (oder zumindest aktiv werden kann), bevor wir bewusst wissen, was wir eigentlich wollen, wie sollten wir dann Unbewusstes ungefiltert wahrnehmen und damit bewusst erkennen können? Nun ja. Man könnte sagen, dass dies dann die Aufgabe eines externen Beobachters sein kann, der allerdings denselben Mechanismen unterliegt wie ich. Nix also mit Objektivität. Das Unbewusste ist schneller und unsere Ziele sind damit eigentlich nie unsere Ziele (zumindest nicht dann, wenn wir nur objektive und bewusst gefundene Ziele als solche anerkennen). Ziele entstehen im Dialog zwischen Unbewusstem und Bewusstem – und evtl. im Dialog mit einem externen Coach – sind aber niemals rein rational. Es sei denn, es gibt eine dem Unbewussten vorgeordnete Rationalität oder eine Art „Quantenrationalität", die eine Gleichzeitigkeit von bewusst und unbewusst zulassen würde. Damit könnten dann unsere Erfahrungen Teil unseres Unterbewusstseins sein und damit schon rationale Entscheidungen erzeugen, die unbewusst getroffen werden – umgangssprachlich könnte man also sagen, dass es durchaus zu „rationalen" Entscheidungen kommen kann, wenn man seinem „Bauchgefühl" vertraut. Vielleicht etwas schwer vorstellbar, aber sicher möglich. Letztlich ist es auch kaum möglich, das Unbewusste bewusst zu machen – zumindest nicht bewusst. Wenn Sie jetzt die Frage stellen, ob hier die bewusste Deutung nicht auch vorbewusst gesteuert ist, könnte dem natürlich so sein, da Ihre Frage ja die Realität beeinflussen könnte. Es geht hier allerdings auch nur um den Versuch der bewussten Deutung oder Umdeutung im Sinne des persönlichen Wohlbefindens. Wenn ich etwas so deuten kann, dass ich die daraus resultierende Emotion als angenehm empfinden/interpretieren kann, dann klingt das doch schon mal gut. Oder?

Basierend auf der obigen Darstellung ist es anscheinend sinnlos, zu versuchen, Unbewusstes bewusst zu machen. Was jedoch möglich ist, ist die (mehr oder weniger) bewusste (im Sinne von „willentliche") Deutung bzw. Umdeutung von den Dingen, die ich wahrnehme (nennen wir es Vision, Motiv oder Wunsch).

Jede dieser Regungen, die in mir ist, ist Ergebnis meiner bisherigen Lernprozesse. Damit ist „Intuition" evtl. Ergebnis früherer Lernprozesse und auch meiner individuellen Rationalität. Damit könnte Intuition sogar als eine schnellere Sonderform von Rationalität gesehen werden und intuitives Handeln („aus dem Bauch") könnte schneller zu den gleichen oder sogar zu besseren Ergebnissen führen, als rationales Handeln. Mal wieder ein Argument gegen zu ausschweifende Planungsorgien. Damit kann ich jedoch auch Intuition lernen und damit meine Entscheidungsgeschwindigkeit beschleunigen. Hierfür bilden dann vor allem Erfahrungen eine wesentliche Grundlage – Jean-Jacques Rousseau würde hier sicher zustimmen. Und obwohl ich die Vergangenheit nicht ändern kann, kann ich in der Gegenwart an meiner zukünftigen Intuition arbeiten.

Interessanter ist es also, was ich aus den Regungen, die ich wahrnehme, mache, sobald ich sie wahrnehme. Und dies ist tatsächlich von praktischer Relevanz. Arbeite ich gegen Regungen, die in mir sind, dann kann ich nicht werden, wer ich bin. Nehme ich die Regungen wahr – und lasse sie in mein Bewusstsein gelangen, dann ist es möglich, diese Regungen in (mehr oder weniger) bewussten Entscheidungen zu berücksichtigen und auf diese Weise zu werden, wer ich bin, ohne wissen zu müssen, wer das letztlich ist; denn durch Lernen und Erfahrungen verändere ich mich. Also auch durch den Versuch, mich zu erkennen. Damit kann Selbst(er)kenntnis nie „erreicht" werden: denn wenn ich „erkenne", dann habe ich mich immer schon wieder verändert (ist so wie mit der Gegenwart, die immer schon Vergangenheit ist, wenn ich sie erkenne). Selbsterkenntnis ist ein immerwährender und unaufhaltsamer Prozess. Jeder Erkenntnisversuch. Und die Veränderung ist immer schneller als meine Erkenntnis.

Gibt es unterschiedliche Regungen, so ist es wichtig, diese wahrzunehmen, zwischen ihnen zu vermitteln und zukünftig Handlungen zu generieren, die mir entsprechen. Diese Vermittlungsarbeit kann dann durch Selbstführungsarbeit bzw. Coaching unterstützt werden (Schulz von Thun nennt dies „Innere Teamentwicklung"; Dietz & Dietz bezeichnen es als Selbstführung). Aber: ich werde nie erkennen können, was tatsächlich unbewusst passiert und dadurch ein 100%iges Bild von mir erhalten. Der Punkt, an dem ich – und damit auch ein Coach – ansetzen kann, ist der, an dem Regungen ins Bewusstsein gelangen.

Damit fängt Selbstdesign bei der Selbstwahrnehmung an und hat nicht das Ziel, Vergangenes zu ändern oder neu zu interpretieren. Dies ist auch gar nicht notwendig, da wir potenziell alles prospektiv verändern können. Und wenn wir diese Veränderung zulassen, dann wird sie uns auch sicher entsprechen, da wir das Unterbewusstsein ohnehin nicht ausschalten können. Ziel kann folglich nie Selbsterkenntnis als objektiv erreichbarer Zustand sein, sondern „lediglich" Selbstwahrnehmung – und selbst diese ist immer „nur" ein Prozessziel (s.o.), also quasi eine permanente Selbstannäherung.

Folge ich meinen Werten und habe ich eine Vision (d.h. ein gefühltes Ziel, wie weit entfernt und wie verschwommen es auch immer sein mag), dann wird mein Weg gut sein, da ich mir entspreche. Auf dieser Grundlage kann ich dann auch konkrete Handlungsziele generieren. Und hier hat „der Bauch" wiederum eine wichtige Bedeutung: Damasio hat festgestellt (vielleicht auch festgelegt – ist schließlich auch nur (s)eine Konstruktion), dass Emotionen den Gefühlen voraus gehen; d.h. dass Gefühle entstehen, indem wir einen Körperzustand, Gedanken oder eine Art zu denken (eine Emotion, die sich körperlich äußert) wahrnehmen und so interpretieren, wie wir es in der Vergangenheit innerhalb unserer Kultur gelernt haben. Lassen wir uns Zeit, dann ist es möglich, die körperliche Veränderung deutlicher wahrzunehmen. Und letztlich entstehen Gefühle durch die Wahrnehmung des Körpers – den ich willentlich beeinflussen kann. William James legte bereits die Grundlagen für die Frage, ob ich weine, weil ich traurig bin – oder ob ich traurig bin, weil ich weine. Damit kann ich meine Gefühle also anscheinend „bewusst" beeinflussen, indem ich meine Wahrnehmung von Körper und Gedanken reflektiere oder – noch einfacher – eine körperliche Veränderung herbeiführe, um andere Gefühle zu erzeugen. Und die Wahrnehmung eigener körperlicher (Re-)

Aktionen ist eben dann gut möglich, wenn ich mir dazu Zeit lasse. Da war sie wieder – die Zeit. In diesem Fall die Zeit zu reflektieren.

Fühlt es sich gut und richtig an, wenn ich das Gefühl reflektiere, dann ist es gut und richtig. Ich mach' mir mich selbst… widdewidde wie es mir gefällt.

Einfach laufen lassen

Prozesse sind einfach. Sie gehen weiter und weiter – und zwar immer vorwärts; denn „vorn" ist dort, wohin sich der Prozess entwickelt. Dadurch ist „Prozess" ein Synonym für Veränderung – ohne die Stärke und die Richtung tatsächlich vorhersehen zu können, denn auch „vorwärts gehen" im Sinne von procedere hängt ja immer auch von der Blickrichtung des Gehenden ab. Drehe ich mich um, dann ist schlagartig hinten, was zuvor vorne war. Folgt man dann auch noch der Komplexitätstheorie, dann kann ein sehr kleiner Auslöser sich so stark multiplizieren, dass er eine sehr große (oder auch nur eine kleine oder keine) Wirkung an ganz anderer Stelle oder zu einer andern Zeit hat. Das heißt aber auch, dass ich nie ganz genau wissen kann, „was am Ende rauskommt" – oder wann genau man am Ende angekommen ist; zumal ein „Ende" auch nur schwer feststellbar ist. Wie ich finde eine sehr beruhigende, weil entlastende, Sichtweise. Nein? Dann sollte der interessierte Leser vielleicht noch mal über seinen Kontrollzwang nachdenken – könnte eine Neurose sein, wenn es ganz schlimm kommt! Oder anders gesagt: Macht es Sinn Unberechenbares zu berechnen oder unvorhersehbares zu prognostizieren? Nein, aber…? An dieser Stelle macht es dann vielleicht Sinn, noch mal im Abschnitt über Pareto nachzulesen. Ich denke die Berechnung von Unberechenbarem fällt wieder einmal eindeutig unter die „schlechten 80%".

Es gibt auch noch einen zweiten Grund, der gegen zu viele Kontroll- und Steuersucht (findet sich so in noch keinem Psychologiebuch) spricht: die Quantentheorie. Klingt seltsam, ist aber so – oder könnte es zumindest sein: Es gibt die These (wiederum die Kopenhagener Deutung der Quantentheorie und die Untote Katze von Herrn Schrödinger), dass eine Beobachtung bereits ein Eingriff in ein bestehendes System ist. D.h. – ganz platt gesagt – es kommt schon dann am Ende etwas anderes heraus, wenn ich den Prozess auch nur beobachte. Dies lässt sich dann sicher auch auf Gefühle übertragen: die können schon anders sein, wenn ich sie „mir ansehe". Solange jedoch das rauskommt, was rauskommen soll (bzw. was sich gut anfühlt), ist es also eventuell sinnvoll, einfach nicht hinzuschauen (oder: nichts zu coachen, wenn es nichts zu coachen gibt). An diejenigen, die jetzt vielleicht gedacht haben „Ja, aber...." möchte ich eine Frage stellen: Sind Sie Controller? Ah ja. Tja – vielleicht eine spannende Anregung, mal darüber nachzudenken, dass Kontrolle nicht nur kontrolliert, sondern immer auch verändert. Je nach Ausprägung kann es sogar so sein, dass die Kontrolle und alles was so dazu gehört (Tabellen, Listen, Monatsberichte, Arbeitszeiterfassung, usw.) mehr Zeit in Anspruch nimmt als die eigentliche Tätigkeit und dabei Veränderungen erzeugt, die nicht controlled werden, da sie nicht „Change Management", sondern Controlling sind und daher weder beabsichtig, noch kontrolliert werden. Und würde sich das Controlling controllen, dann würde es sich dennoch schon während des controllens verändern, ohne den Veränderungsprozess jemals bis ins letzte Detail darstellbar machen zu können. Pareto würde sich bei so viel „verschwendeter Zeit" und Scheinkontrolle sicher im Grabe umdrehen.

Wo ist das Problem?

Das Problem ist wohl immer nur im eigenen Kopf zu finden – schließlich ist es – wie alles – nur meine eigene Sichtweise und Interpretation einer Situation oder eines körperlichen Zustands. Für andere ist alles anders. D.h.: eine Situation beinhaltet potenziell unendlich viele Probleme – abhängig nur von der Zahl der Beobachter und von deren Kreativität. Alles kann ein Problem sein. Ich muss mich nur genug anstrengen ein Problem zu sehen. Aber wer braucht das schon?

Damit gibt es übrigens objektiv auch keine Angriffe durch andere Personen in meine Richtung. Alles ist eine Rückmeldung und jede Rückmeldung ist wertvoll – erschließt sie mir doch den Blick aus anderen Perspektiven. Den Angriff – oder das Problem – kann immer nur ich selbst generieren. Oder auch nicht. Meine Entscheidung. Sie kennen ja sicher die Redensart von der Eiche und der Wildsau.

Ein kurzes Kapitel. Aber aus der Sicht eines Konstruktivisten gibt es dazu nicht mehr zu sagen.

Selbstdesign – aber wie?

Ich mach' mir mich selbst…
widdewidde wie es mir gefällt…

… geht tatsächlich. Bleibt nur die Frage: „Wie?" Der Schlüssel zum Selbstdesign ist die Selbstwahrnehmung. Damasio beschreibt hierzu somatische Marker, die uns Hinweise darauf geben, ob mit uns „alles in Ordnung" ist, oder auch nicht. Somatische Marker sind – wie oben bereits angedeutet – Regungen, Emotionen, ein „Grummeln" im Magen, eine Beklemmung. Eine Empfindung, die den Körper betrifft und die eine Vorstellung „markiert". Und wir haben während unseres bisherigen Lebens gelernt, was passiert, nachdem wir einen bestimmten somatischen Marker wahrgenommen haben oder wie der Marker in unserer Kultur interpretiert werden kann/muss. Und genau darin liegt auch die Chance.

Die somatischen Marker können Sie wahrnehmen, wenn Sie es einfach nur zulassen (ohne esoterischen Schnickschnack drumrum… einfach kurz überprüfen, wie sich etwas anfühlt). Geschieht etwas in meinem Inneren und/oder nehme ich eine körperliche Veränderung wahr, dann lohnt es sich, kurz innezuhalten und darüber nachzudenken, was mir diese Veränderungen sagen wollen könnte – und woher ich sie schon kenne. Was sonst passierte, als –

oder nachdem – ich diese Regung wahrgenommen habe. Bin ich zufrieden, unzufrieden, fühlt es sich gut an oder ist es ein Gefühl, das unangenehm ist?

Ist es angenehm: gut so – alles richtig gemacht. Jetzt gilt es kurz zu überlegen, welche nächsten Schritte zu ergreifen sind – worauf sich das „somatische Startsignal bezieht". Ist es unangenehm: auch gut so – dann sollte ich etwas verändern und kurz überlegen, wovor mich das „somatische Stoppsignal" warnen will. Folglich ist es sinnvoll nach der Wahrnehmung eines somatischen Signals kurz logisch zu überdenken, was ich anders machen könnte und welches andere Gefühl dann entstehen könnte bzw. welche nächsten Schritte ich jetzt konkret gehen kann. Fühlt sich das gut an, dann machen Sie es. Können Sie es nicht absehen, dann finden Sie es heraus. Nichts macht weniger Sinn, als mit der negativen Gefühlsregung durch die Gegend zu laufen und nichts dagegen zu tun.

Letztlich kann ich aber auch jede körperliche Regung einfach anders interpretieren und damit lernen, anders zu fühlen, denn: Emotion kommt vor Gefühl. Emotionen werden wahrgenommen und können auf Grund dieser Wahrnehmung Gefühle auslösen. Wahrgenommenes wiederum ist ein Konstrukt und immer Ergebnis von Interpretation. Andere Interpretation – anderes Gefühl. Hirnforschung ist doch mal wieder was Feines. Klingt noch etwas zu schwammig? Na gut. Hier ein paar Fragen, die Sie sich stellen könnten:

Was könnte anders sein? Wie wird sich das dann anfühlen? Was ist dann anders? Wie könnte mein erster Schritt zu diesem anderen Zustand sein? Welchen ersten Schritt würde Person XY tun? Was würde mir Person XY raten? Was wäre dann anders? Was habe ich davon, wenn ich doch nichts verändere? Was könnte ich tun, um meinen ersten Schritt etwas besser zu machen? Wie wird es sich anfühlen, wenn ich diesen ersten Schritt gemacht habe? Fühlt es sich gut an? Entspricht es meinem ästhetischen Empfinden? Ist es rund? Was müsste passieren, damit es eine „Ecke" weniger hat? Was, damit es genug Ecken hat, um rund auszusehen? Was könnte ich jetzt noch fühlen? Was könnte Person XY fühlen, wenn sie jetzt in meiner Situation wäre? Woher kenne ich diese oder ähnliche Reaktionen? Wie könnte ich die Emotion noch interpretieren? Und welches Gefühl würde sie dann auslösen?

Nur zur Sicherheit: Diese Fragen sind nur ein Anhalt. Sie ersetzen nicht die Beratung durch einen professionellen Coach (mit Menschen reden ist zwar aufwändiger, als ein Buch zu lesen, bringt aber auch deutlich mehr – im Idealfall).

Das Selbsthinterfragen ist die Selbstdesigngrundlage. Sich hinterfragen und verändern und immer wieder zu prüfen, ob die Veränderung eine positive Wahrnehmung von Emotionen – also positive Gefühle – erzeugt und ob sie sich damit gut – also ästhetisch – anfühlt oder anfühlen kann.

Ein „Ratschlag" zum Schluss

Und hier der ultimative Rat für jede Führungskraft: Sie haben eine Frage, ein Problem, stehen vor einer Herausforderung? Ich weiß, wer die Antwort auf die Frage, die Lösung für Ihr Problem und den idealen Lösungsansatz für Ihre Herausforderung hat:

Einzig und allein Sie selbst!

(Niemand kann Sie verändern oder „Ihnen etwas lernen"!)

Die einzige Herausforderung, die entstehen kann, ist, dass Sie vielleicht nicht an die Lösung in sich „herankommen". Dazu bedarf es jedoch „nur" reflexiver Prozesse. Diese können wir meist selbst initiieren und umsetzen – und zwar durch ein sehr einfaches Mittel: Fragen. Fragen, die Sie sich auch selbst stellen können. Und wenn die Prozesse mal zu verwirrend sind, dann gibt es einen einfachen Lösungsweg: Nutzen Sie einen professionellen Coach, der mit Ihnen interagieren kann und der eine andere Perspektive einnehmen kann als Sie selbst (was er ja schließlich auch gar nicht vermeiden könnte, selbst wenn er es wollte). Kein Buch, klingt es auch noch so schlau und gibt es auch noch so viele „kluge Ratschläge", kann die Interaktion mit einem Menschen auch nur annähernd ersetzten. Es kann nicht auf Sie und Ihre Persönlichkeit reagieren. Es ist nicht empathisch. Auch dann nicht, wenn es viele Selbsttests und Arbeitsanweisungen, Anregungen und Übungen enthält. Jeder Ratgeber ist für möglichst viele Menschen geschrieben (schließlich will der Autor nicht nur helfen, sondern auch Geld verdienen). Und wie viele Menschen kennen Sie, die genau so sind wie Sie selbst?

Und am Ende dann noch einmal ganz konkret:

Führ' Dich selbst…!

… und mach' Dir die Welt,
widdewidde wie sie Dir gefällt!

*Letzter Denkanstoß: Lachen Sie über sich selbst!
Denn Führung ist immer experimentell und teil-
weise (oder größtenteils?) ergebnisoffen. Und Är-
ger über Misserfolg macht nur Magengeschwüre.
Letztlich kann man auch nie wissen, ob ein Fehl-
schlag nicht ein guter Schritt in Richtung Erfolg
war – schließlich ist „vorne" immer relativ.*

Ein kurzes Fazitangebot

Wie die Problemblätter schon gezeigt haben könnten (oder auch nicht) gibt es keine objektiven Probleme. Und alles kann aus anderer Perspektive anders gesehen werden. Schließlich ist es ja auch nicht möglich, einer hübschen Frau zugleich auf den Hintern und ins Gesicht zu sehen (na gut… für die Frauen unter den Lesern: geht bei einem gut aussehenden Mann natürlich genauso wenig, oder bei nicht gut aussehenden Menschen – was auch immer „gut aussehen" für Sie bedeuten mag). Die „andere Seite" kann ich nur sehen, wenn ich meine Beobachtungsperspektive wechsle oder ein Hilfsmittel benutze. Oder eine andere Person beschreibt mir zumindest den mir verborgenen Körperteil. Allerdings ist es dabei natürlich auch immer fragwürdig, ob die Beschreibung dem entspricht, was ich selbst sehen würde. Alles Konstruktion – und im Anschluss an eine Beschreibung sogar Rekonstruktion.

Tja… und da wird es spannend: Den Perspektivenwechsel kann jeder von uns jederzeit vollziehen. Man muss es nur tun. Was würde Person X, mein Hund, meine Katze, die Blumenvase oder mein Teppichboden von dem Problem halten? Was spricht eigentlich dafür, dass das Problem total lächerlich und überhaupt nicht ernst zu nehmen ist? Sie werden sehen: Es finden sich immer Gründe und Möglichkeiten dafür, jedes Problem als lächerlich anzusehen. Und dabei kann ich auch häufig die Gelegenheit nutzen, kräftig über mich selbst zu lachen. Weil ich eine einfache Lösung nicht gesehen habe, weil ich mich einfach mal blöd angestellt habe, weil andere mal etwas zu lachen hatten, weil es einfach mehr Spaß macht, über mich selbst zu lachen als zu jammern. Entspricht zwar nicht unbedingt unserer Kultur, ist aber so – zumindest mal bei mir. Ich finde Lachen besser als Jammern, Maulen, Malträtieren…

Ästhetik steht im Gegenpol zu einer negativen Lebenseinstellung:

Wenn die Reflexion mein Denkens, meines Handelns und meiner körperlichen Reaktionen in mir positive Gefühle auslöst, dann empfinde ich mich, meinen Gemütszustand, mein Denken und mein Handeln als ästhetisch – im momentanen Zustand und in der Veränderung.

Empfinde ich mich als ästhetisch, dann ruhe ich in mir selbst und strahle diese Ruhe auch nach außen hin aus. Ich wirke authentisch. Diese Authentizität kann ich körperlich an mir selbst wahrnehmen – und sie wird mit hoher Wahrscheinlichkeit auch durch andere Menschen wahrgenommen.

Durch die Ruhe erhalte ich weitere Reflexionszeit und kann mich wiederum meinem Selbstdesign widmen – für mich selbst oder in der Interaktion mit einem Coach. Und diese Designzeit ist wiederum die Grundlage für eine optimistische Lebensgestaltung.

SELBER DENKEN MACHT SCHLAU!

Lesetipps

Chaos & Komplexitätstheorie

Briggs, John F./Peat, D.F. (2006): Die Entdeckung des Chaos. Eine Reise durch die Chaos-Theorie. 9. Auflage. München: dtv

Dörner, Dietrich (2001): Die Logik des Mißlingens. Strategisches Denken in komplexen Situationen. 14. Auflage. Reinbek bei Hamburg: rororo

Kappelhoff, Peter (2002): Komplexitätstheorie: Neues Paradigma für die Managementforschung. In: Schreyögg, Georg/Conrad, Peter (Hrsg.) (2002): Theorien des Managements. Wiesbaden

Lewin, R. (1993): Die Komplexitätstheorie. Wissenschaft nach der Chaosforschung. Hamburg

Richter, Klaus/Rost, Jan-Michael (2004): Komplexe Systeme. 2. Auflage. Frankfurt am Main: Fischer Taschenbuch Verlag

Coaching

Arnold, Rolf (2008): Führen mit Gefühl. Eine Anleitung zum Selbstcoaching. Mit einem Methoden-ABC. Wiesbaden: Gabler Verlag

Radatz, Sonja (2006): Einführung in das systemische Coaching. Heidelberg

Dietz, I./Dietz, T. (2007): Selbst in Führung. Achtsam die Innenwelt meistern. Paderborn

Gehirn & Denken

Damasio, Antonio R. (2009): Der Spinoza-Effekt. Wie Gefühle unser Leben bestimmen. 5. Auflage. Berlin: Ullstein Buchverlag

Damasio, Antonio R. (2010): Descartes' Irrtum. Fühlen, Denken und das menschliche Gehirn. 6. Auflage. Berlin: Ullstein Buchverlag

Roth, Gerhard (2007): Persönlichkeit, Entscheidung und Verhalten. Warum es so schwierig ist, sich und andere zu ändern. Stuttgart: Klett-Kotta

Spitzer, Manfred (2006): Nervenkitzel. Neue Geschichten vom Gehirn. Frankfurt am Main: Suhrkamp Verlag

Moderne Mitarbeiterführung

Geißler, Harald (Hrsg.) (2003): Balanced Organization. Die Kunst ausgleichend zu führen. Neuwied, Köln: Luchterhand

Kauschke, Jürgen (2010): Reflexive Führung. Die Führungskraft als Coach? Frankfurt am Main: Peter Lang Verlag

Neuberger, Oswald (2002): Führen und führen lassen: Ansätze, Ergebnisse und Kritik der Führungsforschung. 6., völlig neu bearb. und erw. Auflage. Stuttgart: Lucius und Lucius

Organisation

Argyris, Chris (2008): Wissen in Aktion. Eine Fallstudie zur lernenden Organisation. Stuttgart

Luhmann, Niklas (1987): Soziale Systeme: Grundriss einer allgemeinen Theorie. Frankfurt am Main

Senge, Peter M. (2003): Die fünfte Disziplin. Kunst und Praxis der lernenden Organisation. 9. Auflage. Stuttgart

Quantenphysik

Ingold, Gert-Ludwig (2008): Quantentheorie. Grundlagen der modernen Physik. 4. Auflage. München: Verlag C.H. Beck

Knapp, Natalie (2008): anders denken lernen. Von Platon über Einstein zur Quantenphysik. Bern: Oneness Center

Radikaler Konstruktivismus & Deutungsmusteransatz

Arnold, Rolf (2009): Das Santiago Prinzip. Führung und Personalentwicklung im lernenden Unternehmen. 2., unveränderte Auflage. Hohengehren

Schulz von Thun, Friedemann (2013): Miteinander reden 3. Das «Innere Team» und situationsgerechte Kommunikation. Reinbek bei Hamburg: Rowohlt Taschenbuch Verlag

Zeit

Geißler, Karlheinz A. (2004): Alles. Gleichzeitig. Und zwar sofort. Unsere Suche nach dem pausenlosen Glück. Freiburg, Basel, Wien: Herder

Nietzsche, Friedrich (1981): Unzeitgemäße Betrachtungen. Insel taschenbuch

Zimbardo, Philip/Boyd, John (2009): The Time Paradox. The New Psychology of Time That Can Change Your Life. New York, London, Toronto, Sydney: Free Press

Noch Fragen?

… oder besser:

Noch Ergänzungen?

…oder noch besser:

Kritik?

Besuchen Sie mich unter:

http://www.kauschke.info

oder schicken Sie eine E-Mail an:

Juergen@Kauschke.info